Introducción a los hábitats

Un hábitat de pastizal

Kelley MacAulay y Bobbie Kalman

🌴 Crabtree Publishing Company

www.crabtreebooks.com

Creado por Bobbie Kalman

Dedicado por Nancy Johnson
Para mi mamá y mi abuela, las dos mujeres más admirables e influyentes de mi vida.

Editora en jefe
Bobbie Kalman

Equipo de redacción
Kelley MacAulay
Bobbie Kalman

Editora de contenido
Kathryn Smithyman

Editores
Molly Aloian
Michael Hodge
Rebecca Sjonger

Diseño
Katherine Kantor
Margaret Amy Salter (portada)
Samantha Crabtree (logotipo de la serie)

Coordinación de producción
Heather Fitzpatrick

Investigación fotográfica
Crystal Foxton

Agradecimiento especial a
Jack Pickett y Karen Van Atte

Consultor lingüístico
Dr. Carlos García, M.D., Maestro bilingüe de Ciencias,
Estudios Sociales y Matemáticas

Ilustraciones
Barbara Bedell: páginas 17, 32 (parte superior)
Katherine Kantor: páginas 26-27, 32 (parte central)
Margaret Amy Salter: páginas 12, 15, 24, 32 (parte inferior)

Fotografías
iStockphoto.com: Rob Freeman: página de título; Laura Oconnor:
      página 17 (parte inferior izquierda); Allen Thornton: página 11
Visuals Unlimited: Joe McDonald: página 18; Dr. William J. Weber: página 29
Minden Pictures: Jim Brandenburg: páginas 13, 19
Otras imágenes de Adobe Image Library, Corbis, Corel, Creatas, Digital Vision,
Eyewire y Photodisc

Traducción
Servicios de traducción al español y de composición de textos suministrados por
translations.com

Library and Archives Canada Cataloguing in Publication

MacAulay, Kelley
    Un hábitat de pastizal / Kelley MacAulay y Bobbie Kalman.
  (Introducción a los hábitats)
Includes index.
Translation of: A Grassland Habitat.
ISBN 978-0-7787-8334-3 (bound)
ISBN 978-0-7787-8358-9 (pbk.)

    1. Grassland ecology--Juvenile literature. I. Kalman, Bobbie,
1947- II. Title. III. Series.

QH541.5.P7M3218 2007   j577.4   C2007-900446-6

Library of Congress Cataloging-in-Publication Data

MacAulay, Kelley.
    [A Grassland Habitat. Spanish]
    Un hábitat de pastizal / Kelley MacAulay y Bobbie Kalman.
        p. cm. -- (Introducción a los hábitats)
    ISBN-13: 978-0-7787-8334-3 (rlb)
    ISBN-10: 0-7787-8334-0 (rlb)
    ISBN-13: 978-0-7787-8358-9 (pb)
    ISBN-10: 0-7787-8358-8 (pb)
    1. Grassland ecology--Juvenile literature. I. Kalman, Bobbie. II. Title.III. Series.

QH541.5.P7M32818 2007   577.4--dc22   2007002060

Crabtree Publishing Company

www.crabtreebooks.com   1-800-387-7650

Publicado en Canadá
Crabtree Publishing
616 Welland Ave.
St. Catharines, ON
L2M 5V6

Publicado en los Estados Unidos
Crabtree Publishing
PMB16A
350 Fifth Ave., Suite 3308
New York, NY 10118

Publicado en el Reino Unido
Crabtree Publishing
White Cross Mills
High Town, Lancaster
LA1 4XS

Publicado en Australia
Crabtree Publishing
386 Mt. Alexander Rd.
Ascot Vale (Melbourne)
VIC 3032

Contenido

¿Qué es un hábitat?

Un **hábitat** es un lugar de la naturaleza.
Las plantas viven en hábitats y los
animales también. Algunos animales
construyen sus hogares en hábitats.

Seres vivos e inertes

En los hábitats hay **seres vivos**. Las plantas y los animales son seres vivos. También hay **seres inertes**, como las rocas, el agua y la tierra.

ser vivo

ser inerte

Todo lo que necesitan

Las plantas y los animales necesitan
aire, agua y alimento para sobrevivir.
Tienen todo lo que necesitan en
su hábitat. Esta ardilla terrestre
encontró alimento en su hábitat.

Un hogar en el hábitat

Algunos animales tienen hogares dentro de su hábitat. El hogar de este tejón es subterráneo. El tejón duerme en su hogar.

Hábitats de pastizal

Los **pastizales** son hábitats. Son regiones de tierra abiertas y llanas en las que crecen muchas plantas. La mayoría de las plantas de los pastizales son hierbas y hay muy pocos árboles.

Pastizales llamados praderas

Este libro habla de pastizales llamados **praderas**. Las praderas se encuentran en Canadá y en los Estados Unidos. En las praderas viven muchas plantas y animales. Estos bisontes viven en las praderas.

El clima de las praderas

En las praderas hay cuatro **estaciones**: primavera, verano, otoño e invierno. En las praderas hay vientos fuertes en todas las estaciones. Este ciervo está descansando sobre el pasto de la pradera en primavera.

Cambios del estado del tiempo

En las praderas, el clima cambia con cada estación. En la primavera el clima es cálido y a veces llueve. En el verano hace calor. Muchas plantas de la pradera crecen en verano. En el otoño el clima es fresco y las plantas comienzan a morir. En el invierno hace frío y nieva.

11

Plantas de pradera

equinácea

La mayoría de las plantas de las praderas son hierbas. Por lo general, estas hierbas son altas. Se mueven con el viento. Algunas plantas tienen flores. Las margaritas y la equinácea son plantas de pradera que tienen flores.

margaritas amarillas

Raíces largas y fuertes

En las praderas no hay colinas que detengan el viento. ¿Cómo es posible que las plantas permanezcan en el suelo? Las plantas de las praderas tienen raíces largas que crecen muy profundamente en el suelo. Estas raíces permiten que la planta se agarre del suelo cuando sopla el viento.

13

Las plantas hacen alimento

Los seres vivos necesitan alimento para sobrevivir. Las plantas producen su propio alimento. Usan la luz solar, el aire y el agua para producir alimento. La producción de alimento a partir de la luz solar, el aire y el agua se llama **fotosíntesis**.

Las partes que producen alimento

Las plantas obtienen la luz del sol a través de las hojas. También obtienen aire a través de las hojas. Además, obtienen agua a través de las raíces. La planta produce alimento a partir de la luz del sol, el aire y el agua.

Las hojas toman aire.

Las hojas toman la luz del sol.

Las raíces toman agua del suelo.

15

Los animales de las praderas

águila

Muchos animales viven en las praderas y allí encuentran alimento. También encuentran lugares para vivir. ¿Qué animales de las praderas conoces?

perrito de las praderas

berrendo

coyote

ardilla terrestre

ratón

mariposa

serpiente de cascabel

17

El agua de las praderas

En las praderas corren **arroyos**. Los arroyos tienen agua **poco profunda** en movimiento. En los arroyos nadan peces. Este visón atrapó un pez para comer.

Simas de las praderas

En las praderas hay hoyos anchos
llenos de agua. Estos hoyos se llaman
simas de las praderas y contienen agua
poco profunda. En estas cavidades
crecen plantas como totoras y juncos.

19

Usar las simas

Muchas aves viven alrededor de las simas de las praderas. Los patos y los gansos son algunos de ellos. Las aves nadan en el agua y comen plantas que crecen en ella.

Usar el agua

Muchos otros animales visitan las
simas de las praderas para beber agua
y comerse las plantas que hay en ellas.
En los días calurosos de verano,
los animales se meten al agua
para refrescarse. Este alce
se está refrescando
en una sima de
la pradera.

Encontrar alimento

Los animales deben comer para vivir. Algunos animales son **herbívoros**. Los herbívoros se alimentan sólo de plantas. Los perritos de las praderas son herbívoros. Comen hierba.

Carnívoros

Algunos animales son **carnívoros**. Los carnívoros se comen a otros animales. Los tejones son carnívoros. Comen perritos de las praderas, ardillas terrestres y pájaros.

22

Comer de todo

Algunos animales son **omnívoros**. Los
omnívoros comen tanto plantas como
otros animales. Por ejemplo, el zorro rojo
es omnívoro. Come frutas, ratones y conejos.

Obtener energía

sol

Todos los seres vivos necesitan **energía** para crecer y moverse. La energía viene del sol. Las plantas obtienen energía del sol. Los animales deben alimentarse de otros seres vivos para obtener energía. Los conejos son herbívoros. Obtienen energía al comer hierbas.

hierbas

conejo

24

Energía para los carnívoros

Los carnívoros obtienen
energía al comerse a otros
animales. Los halcones
son carnívoros. Obtienen
energía al comer conejos.

halcón

Hogares subterráneos

Algunos animales de las praderas cavan y construyen sus hogares bajo tierra. Los perritos de las praderas construyen hogares subterráneos llamados **ciudades**. Estas ciudades tienen muchas habitaciones unidas por túneles. Las ardillas terrestres también construyen grandes hogares bajo tierra. Estas ardillas se meten a sus hogares cuando otros animales se les acercan.

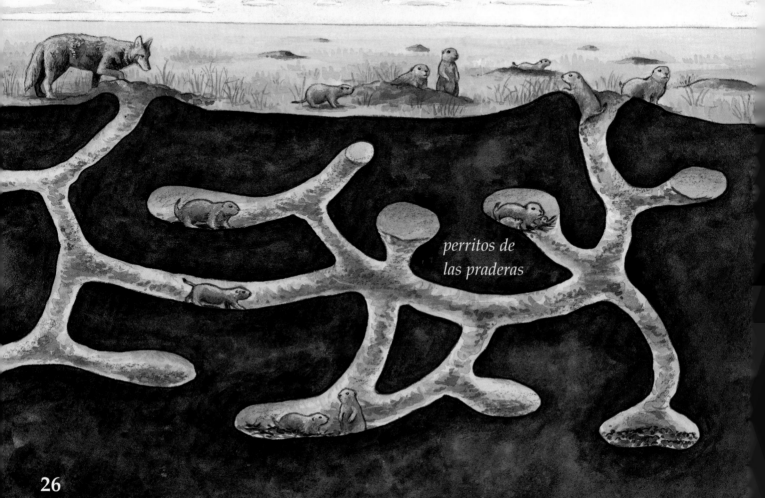

perritos de las praderas

Vivir en ciudades

Cuando los perritos de las praderas
hacen una ciudad nueva, otros
animales se trasladan a la ciudad
vieja. Los hurones y tejones viven en
ciudades que pertenecieron a perritos
de las praderas. Los perritos de las
praderas ya no viven en ellas.

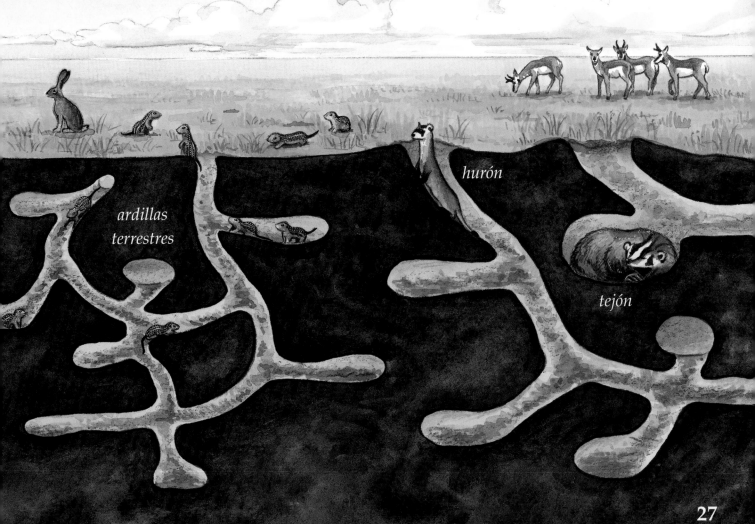

ardillas
terrestres

hurón

tejón

Más seguros por la noche

Algunos animales de las praderas salen de su hogar sólo por la noche. Para ellos es más seguro salir de noche que de día. En la oscuridad pueden esconderse más fácilmente de otros animales. Este hurón de patas negras sale de noche.

Ratones nocturnos

Los ratones saltamontes duermen
de día en sus hogares subterráneos.
Se despiertan y salen de noche para
buscar alimento. Comen principalmente
saltamontes y otros ratones.

Difíciles de ver

Algunos animales de las praderas son difíciles
de ver, incluso durante el día. Esta ardilla
terrestre tiene franjas en el lomo y en la cabeza.
Como las franjas se parecen a las hierbas largas,
es posible que otros animales no la vean
cuando esté parada entre la hierba.

El mismo color

Este lince tiene pelaje marrón con manchas negras. Las hierbas que hay a su alrededor también son marrones. Como en las hierbas hay zonas oscuras, el lince se confunde con las hierbas.

Palabras para saber e índice

alimento (el)
páginas 6, 14, 15, 16, 22-23, 29

animales (los)
páginas 4, 5, 6, 7, 9, 16-17, 20, 21, 22, 23, 24, 25, 26, 27, 28, 30

energía (la)
páginas 24-25

esconderse
páginas 30-31

estaciones (las)
páginas 10, 11

hábitats (los)
páginas 4, 5, 6, 7, 8

hogares (los)
páginas 4, 7, 26-27, 28, 29

plantas (las)
páginas 4, 5, 6, 8, 9, 11, 12-13, 14, 15, 19, 20, 21, 22, 23, 24

Otras palabras del índice

Impreso en Canadá